Lk 2579.

NOTRE-DAME
DE
BON-SECOURS
A ÉCAQUELON (EURE)

Par ADOLPHE CHANEL,
INSTITUTEUR PUBLIC.

La prière de l'humble pénètre le Ciel !
(ECCLÉSIASTE, 35.)

DÉDIÉ
A Leurs Majestés Impériales.

(PROPRIÉTÉ.) — **1** FR.

S'ADRESSER A L'AUTEUR, A ÉCAQUELON (EURE).

NOTA. Les lettres non affranchies ne sont pas reçues.
Envoyer cinq timbres-poste.
LES ENVOIS SE FERONT LE SAMEDI.

ROUEN. IMP. GIROUX ET RENAUX, RUE DE L'HOPITAL, 25.

J. M. J.

HOMMAGE ET RECONNAISSANCE.

A MARIE IMMACULÉE

NOTRE-DAME DE BON-SECOURS D'ÉCAQUELON

(EURE),

PAR ADOLPHE CHANEL, INSTITUTEUR,

Ex-Sous-Officier au 2ᵉ Régiment d'Infanterie de Marine.

OFFRANDE.

Daignez, ô Vierge immaculée ! ô Mère de Jésus ! bénir cette Notice et faire qu'on la propage pour augmenter encore le nombre des âmes qui vous invoquent chaque jour !

ADOLPHE CHANEL, instituteur.

8 SEPTEMBRE 1858.

A MARIE IMMACULÉE

NOTRE-DAME DE BON-SECOURS,

LES PAROISSIENS DE NOTRE-DAME D'ÉCAQUELON

(EURE).

Consécration! Amour! Prière! Reconnaissance!

Le 8 Septembre 1858.

Dignare me laudare te, Virgo sacrata;
Da mihi virtutem contra hostes tuos!

Vierge sainte, agréez que j'annonce vos louanges;
Donnez-moi force et courage contre vos ennemis!
                    A. C.
(Off. parv. B. M. V. ad off. noct. Ant. 2.)

AVANT-PROPOS.

Depuis longtemps déjà, je soupirais après le bonheur qui me permettrait d'attacher un modeste fleuron à la couronne immortelle de l'auguste Marie; à cette pensée, mon cœur a tressailli de joie!

« Oui, je veux la chanter, l'aimable Souveraine,
« Qui, mère du Sauveur, veut bien être la mienne
    « Et me nommer son fils chéri ;
« Qui, des bords désolés de cette triste vie,
« Me conduit par la main vers la sainte patrie
    « Par un sentier toujours fleuri ! »

Aujourd'hui, je ne cède pas à un enthousiasme irréfléchi, car, humble témoin d'une fête rurale organisée à Notre-Dame d'Ecaquelon (Eure), à l'occasion de la fête de la Nativité de la Très-Sainte-Vierge, je me permets d'essayer de faire rayonner un instant, aux yeux des serviteurs de Marie, un reflet des sacrifices et des magnificences qui ont provoqué un concours si sympathique parmi les habitants de cette humble commune.

Je viens donc vous supplier, pieux lecteur, de bien vouloir agréer le récit du généreux dévoûment de notre vénérable Pasteur et d'une auguste cérémonie qui fait palpiter les cœurs de reconnaissance pour Marie et qui laisse après elle d'ineffaçables souvenirs ! — « *Sursum corda*. Elevez vos cœurs. »

Sachant que vous aimez toujours à accueillir favorablement toutes les communications qui ont pour but de vous signaler les œuvres entreprises à la gloire de la Très-Sainte-Vierge, je n'hésite pas et je m'empresse de vous adresser, toute imparfaite qu'elle est, cette Notice, qui est le gage de mon entier dévoûment pour ma Mère !

« Oh ! pardonne, ma Mère, au feu de mon langage,
« Pardonne à ma naïveté :
« Je te parle en enfant, car tu chéris mon âge
« Et sa douce simplicité. »
(J.-J. R.)

Oh ! oui, je voudrais avoir une imagination assez vive et assez poétique pour dépeindre les impressions du spectacle d'un si beau jour que Dieu a fait en l'honneur de Marie ! — «*Hæc dies quam fecit Dominus.* (Ps.

« 117-24.) Voici le jour que Dieu a fait. » — Mais en me souvenant du passage du Prophète, ne me suffira-t-il pas de dire d'Ecaquelon ce qui fut dit autrefois de Béthléem :

« Et toi aussi, hameau obscur, tu auras au ciel une grâce,
« une bénédiction, et sur la terre un nom et un souvenir parmi
« les cités dont les manifestations religieuses ont été si splen-
« dides et si spontanées ! »

Grâces immortelles soient donc rendues à l'auteur de tout don parfait et à celle qui nous inspira la pensée de l'honorer sous le titre consolant de Notre-Dame de Bon-Secours, de l'aimer, de lui témoigner notre reconnaissance, de la prier avec confiance et de nous consacrer à elle pour le temps et l'éternité.

Pour moi, combien je serais heureux si la lecture de cette petite Notice pouvait faire naître dans les cœurs un seul acte d'amour pour la Reine des Cieux, la récompense me semblerait belle. Le lecteur, pieux enfant de Marie, daignera, j'ose l'espérer, me donner aussi quelque part à ses bonnes prières : — « *Ora pro* « *me Mariam, ne me desinat Maria.* Priez pour moi, « Marie, pour que Marie ne m'abandonne pas. »

« Je vous offre, ô ma tendre Mère, mon travail et mes peines,
« mon esprit et mon cœur ; daignez agréer ce faible hommage
« de mon respect et de mon amour pour vous et l'offrir vous-
« même à Jésus-Christ, votre divin Fils et mon Sauveur. »

O Virgo studiis semper adesto meis !

PROLOGUE.

« La raison, dans mes vers, conduit l'homme à la foi ;
« C'est elle qui, portant son flambeau devant moi,
« M'encourage à chercher mon appui véritable,
« M'apprend à le connaître et me le rend aimable.
« Faux sages, faux savants, indociles esprits,
« Un moment, fiers mortels, suspendez vos mépris ;
« La raison, dites-vous, doit être notre guide ;
« A tous mes pas aussi cette raison préside ;
« Sous la divine loi que vous osez braver,
« C'est elle-même ici qui va me captiver.
. . . .
« Oui, c'est un Dieu caché que le Dieu qu'il faut croire,
« Mais, tout caché qu'il est, pour révéler sa gloire
« Quels témoins éclatants devant moi rassemblés,
« Répondez cieux et mers, et vous, terre, parlez ! »

(Poëme de la Religion, **RACINE FILS.**)

§ Ier.

« *In omnibus requiem quæsivi, et in hereditate*
« *Domini morabor.* (Ecclés. 24.)

« J'ai cherché partout un lieu de repos, je
« demeurerai dans l'héritage du Seigneur. »

Il y a vingt-six ans que M. l'abbé Bourguignon est curé de Notre-Dame d'Ecaquelon ; enrichi d'un cœur vraiment sacerdotal, il gémissait depuis bien longtemps de ne pouvoir élever un autel à Marie. Une pareille entreprise de la part d'un pauvre desservant paraîtra peut-être bien téméraire, pour ne pas dire impossible ; mais il prie, il implore, il espère : — « *Zelus domûs tuæ* « *comedit me.* Le zèle de votre maison m'a consumé. » — Sa grande foi lui dit que c'est Dieu qui anime tout, qui soutient tout, qu'il est partout et qu'il donne le mouvement et la vie à tout, et qu'enfin il tient en sa main la terre toute entière : — « *In manu ejus sunt* « *omnes fines terre.* » (Ps. 94, 4.)

Après avoir mis toutes ses espérances entre les mains de celle qu'on n'invoque jamais en vain, il attend de Dieu, avec confiance, tout le secours nécessaire pour sa belle entreprise :

« *Levavi oculos meos in montes, undè veniet auxilium mihi.*
« *Auxilium meum à Domino qui fecit cœlum et terram.* »
(Ps. 120-1-2.)

« J'ai levé les yeux vers les montagnes d'où me viendra du
« secours.
« Mon secours viendra du Seigneur qui a fait le ciel et la
« terre. »

En effet, M. l'abbé Bourguignon est un homme d'initiative, parce que sa foi est vive et ardente. Il ne désespère pas, car il a su communiquer à ses bons paroissiens le zèle qui orne sa belle âme de vrai prêtre de Jésus-Christ et de serviteur de Marie, sous la protection de laquelle il a placé son sacerdoce et le salut des âmes qui lui sont confiées. Son œuvre entreprise sans autres ressources que celles que fournit infailliblement une très-grande confiance dans la Providence, marche avec succès, et quelques mois ont suffi pour la conduire à bonne fin : — « *Nisi Dominus* « *œdificaverit domum, in vanum laboraverunt qui œdi-* « *ficant eam.* (Ps. 126-1.) Si le Seigneur ne bâtit lui- « même la maison, c'est en vain que travaillent ceux « qui la construisent. »

Hommes, femmes, enfants ont mis la main à l'œuvre, souvenir touchant et gracieux pour ce vénérable pasteur dont la grande tâche a été comprise. Puissent Jésus-Christ, notre divin maître, et Marie, notre bonne mère, protéger ce digne prêtre dans les pénibles travaux de son ministère sacré et lui accorder tout le secours qu'il leur demande avec tant de confiance!

« *Deus in adjutorium meum intende,*
« *Domine ad adjuvandum me festina.* » (Ps. 69-1.)

« O Dieu, venez à mon aide ;
« Hâtez vous, Seigneur, de me secourir. »

« *Inclina, Domine, aurem tuam, et exaudi me ; quoniam*
« *inops et pauper sum ego.* » (Ps. 85-1.)

« Prêtez l'oreille à ma voix, Seigneur, et exaucez-moi, parce
« que je suis pauvre et dans le besoin. »

A compter de ce jour, M. l'abbé Bourguignon marche, sollicite des secours, et son généreux dévoûment pour la gloire de celle qu'il aime ne lui donne plus un seul moment de relâche. O bonheur ! par Marie, il est aidé de Dieu, car bientôt les matériaux nécessaires sont rassemblés ; il a fouillé dans l'antiquité, et chacun des habitants, à sa prière, lui abandonne, pour la Mère de Dieu, les objets précieux de leurs ancêtres qu'ils possèdent et qui sont là, aujourd'hui, agglomérés comme autant de trophées conquis par la prière dans les pieuses familles de la paroisse.

L'autel est élevé, grâce aux habitants qui ont pris une part très-active à l'achèvement de cette pieuse entreprise ;

« Chez nous, son trône est moins pompeux
« Que dans tes murs, fière Lutèce,
« Mais c'est l'amour qui le lui dresse,
« Son amour entendra nos vœux. »

Cependant, une statue, digne du trône qui est préparé, manque, et les ressources sont épuisées.

Appeler d'autres secours, se mettre à l'œuvre avec une ardeur indicible, fut l'affaire d'un instant.

M. le Curé, lui-même, dépose son cœur et sa généreuse offrande aux pieds de sa Souveraine, et les habitants, à son exemple, se sont montrés dignes et au-dessus de tous éloges, car ils ont prouvé que notre époque est vraiment l'époque des œuvres de piété.

Une association charitable de dames quêteuses est organisée, elles parcourent les habitations où leur foi et leur piété les conduisent, elles reçoivent partout l'obole de la veuve, et bientôt elles viennent déposer dans les mains de leur vénéré pasteur le résultat de leur générosité et de leur pieux dévoûment pour le secourir dans les efforts qu'il fait pour terminer heureusement une œuvre si glorieusement commencée par lui.

Une magnifique statue, haute de un mètre soixante-cinq centimètres environ, préparée par les mains de M. Auguste Ciocco, artiste distingué de Boisset-le-Châtel, est enfin placée sur le modeste granit destiné à la recevoir et qui a reçu les dernières préparations de M. le Curé lui-même ; elle est admirée de nombreux visiteurs, car M. Ciocco, avec le désintéressement, le bon goût et l'habileté qui le distinguent, a su déployer tout son talent pour en faire un chef-d'œuvre digne des sacrifices que les habitants se sont imposés ; mais le plus consolant pour nous, c'est de pouvoir dire que ce monument est l'œuvre de tous, sauf quelques exceptions ; chacun y a contribué selon ses moyens, selon sa dévotion.

Marie est toute brillante d'or : — « *Astitit Regina à « dextris tuis in vestitu deaurato circumdata varietate.* » (Ps. 44-11). — Elle a une figure douce qu'on aime à contempler ; elle montre à la terre son divin Fils, qui sourit à sa Mère en bénissant ; il tient dans ses petites mains le signe de la Rédemption, planté sur le globe terrestre d'un bleu d'azur : — « *Beata es Virgo Maria* « *quæ Dominum portâsti Creatorem mundi!* Vous êtes « heureuse, ô Vierge Marie, qui avez porté le Seigneur « Créateur du monde ! » (Off. parv. B. M. V. ad off. noct. R. Lectio II.) — Elle est couverte d'un riche dais sur lequel est brodé cette belle inscription de consécration et d'amour : « A Marie, les paroissiens d'Eca- « quelon !!! » cri du cœur et de confiance par lequel ils la proclament hautement et pour jamais : leur Mère, leur Reine, leur Protectrice et leur Refuge assuré !

> « *Monstra te esse Matrem,*
> « *Sumat per te preces,*
> « *Qui, pro nobis natus*
> « *Tulit esse tuus.* »
> (Off. parv. B. M. V. ad vesp. Hym., 4ᵉ st.)

« Montrez que vous êtes notre Mère, et qu'il reçoive par « vous nos prières, celui qui, né pour nous, a bien voulu être « votre fils. »

A ses pieds, ses enfants ont placé en lettres d'or ce beau titre de reconnaissance et de prière : « Notre- « Dame de Bon-Secours ! » et désormais :

> « Là le vieillard et l'orphelin,
> « Le pauvre et la vierge timide,
> « Là, le malade et l'invalide
> « Viendront prier soir et matin ! »

Sur leurs têtes reposent deux couronnes élégantes et du meilleur goût, enrichies de brillants qui reflètent le plus grand éclat : — « Venez, Reine du Ciel, venez,

« votre trône est préparé et revêtu de gloire et de
« splendeur; venez, ne tardez plus; venez et vous serez
« couronnée! »

O Jésus et Marie, ces couronnes qu'une main toute pure vient de déposer sur vos fronts radieux, ce sont nos cœurs qui vous les offrent; agréez ce faible, mais sincère hommage de notre dévoûment et de notre amour!

> « Ils lui porteront la couronne
> « Que notre cœur lui donnera,
> « Et notre divine patronne
> « Du haut des Cieux nous bénira! »

M. et Mme la marquise de Bartillat, dignes héritiers de la foi de leurs pères, ont été sensibles à tant de dévoûment pour cette belle œuvre, et guidés par une piété solide et une tendre dévotion à Marie, ont ménagé une heureuse surprise à leur vénérable pasteur, en offrant deux *Ex-voto* destinés à satisfaire leur piété et à recompenser un travail opiniâtre qui lui a coûté tant de peines et de fatigues : — « *Argentum innocens di-*
« *videt.* (Job. 27-17). Le juste fera plusieurs dons de
« son argent. »

Le premier est un beau cœur doré renfermant la consécration de ces bonnes et pieuses familles à la Reine du Ciel : — « *Præbete... animas vestras, ut quæ-*
« *ratis Dominum Deum vestrum.* (Saint-Paul, 22-19).
« Faites l'offrande de vos âmes et cherchez le Seigneur
« votre Dieu. » — Le deuxième est un magnifique tableau représentant l'Annonciation de Notre-Seigneur Jésus-Christ : — « *Tollite hostias et introite in atria*
« *ejus; adorate Dominum in atrio sancto ejus.* (Ps. 95-8).

« Déposez des offrandes et entrez dans les parvis du
« Seigneur ; adorez-le dans son saint temple. »

Puissent le trône et les couronnes offertes à Marie être les préludes de ceux qu'elle réserve dans le Ciel à ses fidèles et dévoués serviteurs, et aux chrétiens qui ont sans cesse devant les yeux la récompense qu'ils attendent ; à ceux qui, assis sur les rivages de Babylone, pleurent amèrement au souvenir de la Jérusalen céleste qui est leur véritable patrie ; qui lèvent souvent les yeux vers la montagne sainte où est le séjour de la paix, où leur héritage les attend, et où Jésus-Christ doit les couronner et les rendre heureux éternellement par Marie, *Notre-Dame de Bon-Secours*.

§ II.

Gaudeamus omnes in Domino, diem festum celebrantes sub honore beatæ Mariæ Virginis, de cujus solemnitate gaudent Angeli et collaudant Filium Dei!
(N.-D. du Mont-Carmel, 16 juillet, *Introït.*)

Réjouissons-nous tous dans le Seigneur en célébrant ce jour solennel consacré à honorer la bienheureuse Vierge Marie, de la fête de laquelle les Anges se réjouissent et louent ensemble le Fils de Dieu!

Tout est préparé! — Non maintenant, Seigneur, vos serviteurs n'ont plus rien à désirer, ni de vœux à former. — Le 8 septembre, anniversaire de la naissance de Marie, est choisi pour fêter dignement la Reine des Anges sous le beau et consolant titre de *Notre-Dame de Bon-Secours!*

Dès la veille, les cloches lancent dans les airs leurs joyeux carillons et leurs volées, elles invitent la paroisse à se préparer à la grande fête du lendemain :

« Je foulais un sentier parfumé d'aubépine,
« Gravissant à pas lents une ombreuse colline,
« Quand le marteau sacré fit retentir l'airain ;
« Au tintement pieux, au bruit de la vallée,
« Aux accents des oiseaux chantant sous la feuillée,
« Je mêlais gravement ma voie de pèlerin.. »

La joie est dans les cœurs, une bonne nouvelle est annoncée et demain, pour la première fois au sanctuaire vénéré de Marie, notre Patronne et notre tendre Mère, chacun de nous dira : — « *Lætatus sum in his quæ dicta
« sunt mihi : in domum Domini ibimus.* (Ps. 121-1). Je
« me suis réjoui de cette parole qui m'a été dite : Nous
« irons dans la maison du Seigneur. »

Dès le matin du jour de la solennité, l'humble hameau prend un air de fête, tous les visages respirent la joie :
— « *Deus, Deus, meus ad te de luce vigilo.* (Ps. 62-1).
« O Dieu, vous êtes mon Dieu, je soupire après vous
« dès l'aurore. »

    « O toi que j'aime et que j'honore,
Toi vers qui, chaque jour, montent mes jeunes vœux
      Aussitôt que l'aurore
      A répandu ses feux !
Oh ! du parfait bonheur vois comme l'étincelle
    Rayonne dans mes yeux d'azur :
C'est que, dès mon réveil, une heureuse nouvelle
A passé sur mon cœur comme un baume bien pur.
Déjà l'aube brillait sous la voûte éthérée,
Et moi je poursuivais mille rêves joyeux
      Sous la gaze azurée
Des rideaux de ma couche aux longs replis soyeux.
Les papillons m'offraient leur séduisant prestige,
Mille oiseaux gazouillaient de suaves accents,
Et la rose empourprée, au sommet de sa tige,
      Balançait son mystique encens.
Tout-à-coup une voix vint frapper mon oreille :
On eût dit le soupir de la brise du soir,
Ou bien des chérubins la lyre sans pareille...
Et mon cœur palpita de bonheur et d'espoir.
C'était ton nom sacré que, tout près de ma couche,

Ma mère murmurait aux premiers feux du jour;
Et mes petites sœurs, d'une innocente bouche,
Le bégayaient aussi dans un concert d'amour.
  Oh! quel bonheur! ton beau nom, ô Marie!
  Comme un rayon de l'éternel Thabor,
Comme un fidèle écho de la sainte patrie,
A charmé mon réveil après mes songes d'or.

Au sortir de ma couche, entendre tes louanges,
N'est-ce pas savourer les blancs cristaux de miel?
C'est jouir, dès l'exil, de la harpe des Anges,
  Oui, c'est se réveiller au Ciel. »

(J.-J. R.)

La pluie qui tombait par intervalles, un ciel perpétuellement caché derrière un épais rideau de nuages, nous faisaient craindre que la journée appelée de tous et attendue avec impatience ne fût une journée peu propice pour donner un libre cours au pieux enthousiasme dont chacun était animé en l'honneur de Marie!

Mais *Notre-Dame de Bon-Secours* a pris tout-à-coup les rênes du monde pour préparer un beau ciel au-dessus de *Notre-Dame d'Ecaquelon*. Quelques rayons de soleil sont venus errer sur l'église; peu après, l'azur du firmament était débarrassé des épais nuages qui nous cachaient sa simplicité la plus pure, l'astre brillant du jour donnait tout son éclat en saluant Marie, plus douce que l'aurore, plus resplendissante que le soleil : — « *Pulchra ut luna, electa ut sol*. (Cant. 6-9). »

Bientôt l'église offre un espace trop étroit pour contenir le nombre des fidèles, car ce changement subit de la température a été assez frappant pour permettre le concours des habitants des communes voisines, qui a dépassé nos plus enthousiastes attentes : — « *In*

« *odorem unguentorum tuorum currimus, adolescentulæ*
« *dilexerunt te nimis.* Nous courrons à l'odeur de vos
« parfums, les jeunes filles vous aiment avec tendresse.
« (Off. parv. B. M. V. ad sextam. Ant.). »

Une députation de trente à quarante jeunes personnes, sous la conduite de Mlle Cornélie Lebreton, qui, dans cette circonstance, a donné de belles preuves de sa foi, de sa piété et de sa générosité, viennent le cierge en main offrir leurs cœurs et leurs premiers pas dans la vie à la Vierge des Vierges : — « *Virgo Virginum.* »

> « *Virgo singularis*
> « *Inter omnes mitis*
> « *Nos culpis solutos*
> « *Mites fac et castos.* »
> (Off. parv. B. M. V. ad vesperas, Hym. str. 5.)

« Vierge incomparable, douce entre toutes les Vierges, obte-
« nez-nous, avec le pardon de nos péchés, la douceur et la
« chasteté. »

La procession sort de l'église ; en tête est la bannière de la **Bonne-Mort**, qu'un usage pieux a consacré de la porter tous les dimanches de l'année, aux processions de la messe paroissiale ; elle est là, toujours là, dans la joie comme dans le deuil, pour nous rappeler notre fin dernière : — « *Memento, homo, quia pulvis es et in*
« *pulverem reverteris !* Souviens-toi, ô homme, que tu
« es poussière et que tu retourneras en poussière ! » —
Vient ensuite celle de la confrérie de Saint-Jacques-le-Majeur, second patron d'Ecaquelon ; apparaît enfin celle de l'auguste Marie, suivie de jeunes personnes, qui, aujourd'hui plus que jamais, sont heureuses d'être

enrôlées sous l'étendard sacré de leur Souveraine. — « *Sicut lilium inter spinas, sit amica mea inter filias.* « Comme le lis au milieu des épines, aussi ma bien-« aimée s'élève au-dessus des jeunes filles. »

(Off. Concep. I. B. M. V. ad vesperas. Ant. 1.)

Oh! qu'elle parle au cœur cette foule qui s'avance avec ordre et silencieuse au chant des litanies, éternel refrain dont l'expression donne une si profonde confiance, indique un si profond besoin!

« Sous les rameaux chargés de rubis diaphanes,
« Des filles du hameau, pieuses caravanes,
« Soupirent tout-à-coup les cœurs harmonieux.
« Je vois flotter au loin d'éclatantes bannières,
« Et, sous leurs voiles blancs, des vierges en prières
« Adressent leurs concerts à la Reine des Cieux. »
(C. B.)

La procession rentre, et la victime sainte est offerte au milieu d'un saint recueillement qui n'est troublé que par des chants d'allégresse et les symphonies de l'orgue. — « *Laudate de terrâ!... Juvenes et Virgines,* « *senes cum junioribus laudent nomen Domini! Quia* « *exaltatum nomen ejus solius!* (Ps. 148-7-12.) Louez « le Seigneur, habitants de la terre!... Vieillards et « jeunes hommes, filles et enfants, louez le nom du « Seigneur, parce que son nom seul est grand. »

On sent que chacun chante sa Mère chérie ; on dirait que les anges du Ciel ont prêté leurs voix aux anges de la terre, et que les échos d'alentour sont jaloux de répéter leurs accents d'amour et de reconnaissance.

« Bonne et tendre Mère,
« Bénis tes enfants ;
« Reçois leurs prières,
« Leurs cœurs et leurs chants ! »

Aux Vêpres, même concours, même joie, mais hélas, la journée sera bien courte ! Le *Salve Regina*, chanté en chœur aux pieds de Marie, exprime les sentiments que chacun éprouve et monte au Ciel avec l'agréable odeur de l'encens : — « *Suscipe pia* « *laudum preconia*. (Pr. *Inviolata*, v. 4.) Recevez les « louanges pieuses que nous vous adressons. »

« Salut, Reine du Ciel ! ô Mère de clémence,
« Charme de notre vie, en toi notre espérance
« Se confie à jamais ; sans crainte notre voix
« Du fond de cet exil s'élève jusqu'à toi.
« Enfants abandonnés d'une coupable mère,
« Nous venons implorer ton appui tutélaire.
« De ton fils offensé détourne le courroux ;
« Contre son châtiment, Mère, protége-nous !
« Confiants dans l'espoir que ta bonté nous donne,
« Nous implorons de toi le regard qui pardonne ;
« Porte lui nos soupirs, tu sais toucher son cœur ;
« Intercède pour nous, sois notre défenseur !
« Du sein qui l'a porté, montre-nous la puissance ;
« Conduis-nous devant lui, car, dans notre souffrance,
« Vierge sainte, en toi seule est placé notre espoir,
« Et nous nous ranimons au désir de le voir.
« Reçois-nous dans ton cœur, écoute ta tendresse ;
« Marie, appelle-nous au séjour d'allégresse,
« Où les saints inclinés, heureux de ton bonheur,
« Contemplent de ton front l'éclatante splendeur. »

(T. R.)

La bénédiction du Très-Saint-Sacrement termine heureusement cette sainte journée. — « *Nos cum prole piâ benedicat Virgo Maria*. Que la Vierge Marie nous « obtienne la bénédiction de son fils. » (Off. parv. B. M. V. ad off. noct. Bened.) Chacun se retire plein des douces émotions qu'avait fait naître dans l'âme le spectacle de cette brillante cérémonie.

« Oui, mondains, des plaisirs épuisez le calice !
« Parcourez, en chantant, tous les chemins du vice,
« Et couronnez vos fronts de lauriers et de fleurs !
« Ce bonheur qui vous fuit, je l'ai sans le poursuivre.
« Eh ! pourriez-vous jamais de la paix qui m'enivre
« Comprendre seulement les célestes douceurs ? »

§ III.

Regnum Galliæ, regnum Mariæ !
Le règne de la France est le règne de Marie !

Qu'il était beau et consolant de voir tout-à-l'heure une population toute entière ne former qu'un cœur et qu'une âme pour se consacrer à Marie ! — « *Ecce « quàm bonum et quàm jucundum habitare fratres in « unum.* (Ps. 132-1.) Qu'il est bon, qu'il est doux « pour des frères de vivre ensemble dans l'union ! »

Tous les fidèles de cet humble hameau sont unis ensemble et ne forment plus qu'un seul corps. Cette union étroite établit entre eux une communauté de biens spirituels par les mérites et les prières de la Très-Sainte-Vierge, Notre-Dame de Bon-Secours. — « *Multa quidem membra, unum autem corpus.* » — (Saint-Paul, 1-2, aux Corinthiens.)

O Jésus et Marie ! que les avantages dont jouissent vos enfants en ce beau jour sont grands et précieux !

La Très-Sainte-Vierge récompense toujours ce que l'on fait pour elle, car non-seulement elle a renversé les ennemis de notre salut, — « *Averte mala inimicis « meis et in veritate tua disperde illos.*» (Ps. 53-5.), mais par elle encore l'humilité, le pieux dévoûment de notre vénérable pasteur sont connus ainsi que les sacrifices que les habitants se sont imposés pour sa gloire et son triomphe !

« Qui vient à moi trouve la vie ; son salut viendra du Seigneur. » (Prov. 8-35.)

Ce sont nos dignes et immortels SOUVERAINS qui, dans leur bienveillance accoutumée, récompensent aujourd'hui le résultat d'une si belle entreprise par un acte de bienfaisance et de piété, dicté par leur tendre amour pour la Religion et pour la Mère du Roi des Rois ; aussi nous lisons avec bonheur et reconnaissance :

« Déjà Leurs Majestés Impériales avaient donné à l'église
« d'Ecaquelon un magnifique calice en vermeil et un ciboire en
« argent ; ils viennent encore de faire parvenir à cette église
« une fort belle chasuble, à l'occasion de la fête de la Nativité
« de la Très-Sainte-Vierge, sous la protection de laquelle Leurs
« Majestés ont placé leur règne et le bonheur de leurs sujets.
« M. Bourguignon, curé de cette paroisse, qui, depuis vingt-
« six ans, travaille avec un zèle infatigable au salut des âmes
« qui lui sont confiées, s'est empressé de chanter le psaume
« *Exaudiat te Dominus* suivi du *Domine salvum fac Imperato-
« rem nostrum Napoleonem*, répété trois fois, à l'issue de la
« messe, pour Leurs Majestés. »
(*Journal des Instituteurs*, n° 140, 3 octobre 1858.)

Oui, la France est le règne de Marie ! Interrogeons les siècles et ouvrons son histoire, nous verrons que depuis les temps les plus reculés, on enregistre tous les jours des actes de piété et de charité en l'honneur de Marie, qui démontrent qu'elle lui a été mille fois consacrée, et que beaucoup de ceux que la divine Providence a successivement préposés à sa garde, l'ont solennellement proclamée la Reine, la Patronne, la Maîtresse de la France.

Il suffit de citer quelques exemples :

Charlemagne avait mis sa gloire et son salut sous la protection de Notre-Dame et voulut être enseveli avec une image de la Très-Sainte-Vierge qu'il portait toujours au cou.

Roland, son neveu, avant de partir contre le roi de Cordoue, se consacre à Marie avec les hauts et puissants seigneurs de sa cour (Notre Dame-de-Rocamadour).

Charles VI et Louis II ont institué des ordres de chevalerie en l'honneur de Notre-Dame.

Louis VII, dit le Jeune, et Philippe Auguste contribuèrent à la réédification de Notre-Dame de Paris.

Louis IX, le plus saint des rois de France, met les Croisades qu'il entreprend sous la protection de Notre-Dame de Paris.

Charles VII doit la Pucelle d'Orléans à Notre-Dame de Beaumont.

Louis XI appelle Marie *sa Suzeraine* et ordonne de réciter à genoux la prière l'*Angelus*.

François Ier, à la tête des seigneurs de sa cour et des membres du Parlement, va pieds nus, tête nue, un cierge à la main, pour faire amende honorable à Notre-Dame d'un outrage reçu de la part d'un huguenot.

Louis XIII, père de Louis-le-Grand, par un édit du 10 février 1633, prend la Très-Sainte-Vierge pour protectrice spéciale de son royaume ; il lui consacre particulièrement sa personne, ses Etats, sa couronne, ses sujets, et la supplie de défendre la France contre tous ses ennemis.

Anne de Bretagne, deux fois reine de France, voulut que son Scapulaire fut renfermé dans la boîte d'or qui devait renfermer son cœur.

Et de nos jours, que voyons-nous en l'honneur de Marie ?

I. Des fêtes brillantes qui ont lieu dans le monde entier, particulièrement dans la Ville-Sainte et dans toute les villes de France, pour célébrer à l'envi le grand événement du 8 *décembre* 1854.

S. S. Pie IX, le vicaire de Jésus-Christ, le père des pères, le pasteur des pasteurs, le serviteur des serviteurs de Dieu et de la Très-Sainte et *Immaculée* Vierge Marie, à genoux, demande les lumières de l'Esprit-Saint, — « *Veni Sancte Spiritus.* »

« Et Jésus était là, souriant à Marie,
« Tel un enfant pieux de sa mère chérie
« Contemple avec amour la gloire et les grandeurs.
« Le ciel retentissait de chants et de louange ;
« Près du Pontife saint parut alors un ange :
    « C'était un esprit des sept chœurs.

« Je viens au nom de Dieu t'expliquer le mystère,
« Et tu le rediras aux peuples de la terre.
« Ces chants sont en l'honneur de la Reine du Ciel,
« Mère de son Sauveur et pourtant Vierge pure,
« Qui *jamais du péché n'a connu la souillure ;*
    « Ainsi l'a voulu l'Eternel. »

(B.)

et, en vertu de son autorité apostolique, proclame à la face de l'Univers que Marie est conçue sans péché.

« Le Pontife a parlé, chrétiens, faisons silence ;
« Aux accents de sa voix que toute intelligence,
« D'un orgueil fol et vain dépouillant le manteau,
« Vienne à la vérité payer le juste hommage,
« Le tribut de sa foi, d'une foi sans nuage,
 « Rejetant le doute au tombeau !
(B.)

Nous devons maintenant honorer tous les jours le moment heureux où, par une grâce singulière, Dieu préserva la Très-Sainte-Vierge de la honte du péché originel. — « *Tota pulchra es, amica mea, et macula non est in te.* Vous êtes toute belle, ma bien-aimée, il n'y a point de tache en vous. »

Après avoir, pendant une longue suite de siècles, présenté cette croyance comme précise et vénérable et défendu expressément d'enseigner l'opinion contraire, l'Eglise, par la bouche de l'auguste et immortel Pie IX, en a fait un dogme de foi.

« Gloire à toi, qui du Ciel nous a dit le mystère,
« Noble chef de l'Eglise et successeur de Pierre,
« Du Dieu de vérité le plus fidèle écho.
« Pour les enfants du Christ tu traces le symbole,
« Avec amour je crois tes décrets, ta parole,
 « Du fond du cœur, je dis : *Credo !* »
(B.)

II. Sa Majesté l'Impératrice Eugénie, qui accomplit un vœu de reconnaissance parce que Dieu lui accorde un fils par l'intercession de Marie.

« Du jeune enfant qui commence la vie,
« Ah ! dirigez le périlleux destin ;
« Guidez ses pas, éclairez-le, Marie ;
« Soyez pour lui l'étoile du matin. »

Par son ordre, une chapelle est construite, et, le 15 août 1858, elle est bénite et consacrée au culte divin, sous le vocable de Notre-Dame de Lorette (fête patronale le 18 décembre).

« *Domum majestatis meæ, et locum pedum meorum glorifi-*
« *cabo.* Je glorifierai la maison de ma majesté et le lieu où ont
« reposé mes pieds. »
(Off. de N.-D. de Lorette, *Ad vesperas*, ant. 5.)

III. Quel est celui qui n'a pas été attendri en lisant cette double date 8 *et* 9 *septembre* consignée dans nos bulletins de triomphe? Ah! oui, l'âme chrétienne a béni Dieu en voyant des jours si chers à Marie et à la France.

Nos soldats sont maîtres de Sébastopol. — «Gloire
« à Dieu au plus haut des cieux. *Gloria in excelsis*
« *Deo.* »

« Il a fait de son bras éclater la puissance,
« Précipité l'orgueil de son trône abattu ;
« Et, de l'impiété, foudroyant la licence,
« A la place du vice élève la vertu. »

Reconnaissance et gloire aussi à l'auguste Marie qui a jeté un regard protecteur sur nos armées en présentant à nos soldats l'étendard de la victoire.

« Amour et gloire à Marie
« Dont le bras fort et puissant
« A la France qui la prie
« Donne un triomphe éclatant. »

Souvenir immortel qui redira aux siècles futurs que la France est la fille aînée de Marie.

« Un bruit d'armes naguère
« Appela nos guerriers aux plages du Levant ;
« Ils allaient affronter les hasards de la guerre,
« Et leur valeur chantait : En avant ! en avant !
 « D'où leur venait ce courage intrépide ?
« Qui leur soufflait au cœur ces accents enflammés
« Qui les faisait voler, comme l'aigle rapide,
 « Vers des rivages opprimés ?
« Ah ! c'est qu'à leur départ, le front dans la poussière,
« Ils avaient imploré le secours de ton bras,
« C'est qu'ils avaient compris que la valeur guerrière
« Est souvent impuissante au milieu des combats.
« Alors, à tes genoux l'on vit, ô Vierge pure !
« L'épée étincelante et l'épaulette d'or,
 « Et la riche et brillante armure,
 « Prier, prier encor.

« Oh ! que te disaient-ils, ces enfants de la gloire,
 « Courbés, blanchis sous les lauriers,
« Quand ils te saluaient, Reine de la Victoire,
 « Dans le langage des guerriers ?
« Nul mortel ne l'a su, mais quand leur tête altière
 « Se redressa rayonnant de bonheur,
 « On vit, sur leur poitrine fière,
« Ton image briller parmi les croix d'honneur.

« Et puis, quand ils voguaient vers la rive lointaine,
 « Au sein des flots amers ;
« Quand des rudes combats la rumeur incertaine
« Pour venir jusqu'à nous traversait tant de mers,
« Ne vis-tu pas le soir à ton humble chapelle,
 « Qu'embaumaient les fleurs de nos champs,
 « A cette heure où la cloche appelle,
« Le village à mêler sa prière et ses chants,
« Ces mères, ces enfants, ces épouses en larmes,
« Et ces vieillards blanchis et pliés par les ans,
 « Te supplier de bannir leurs alarmes,

« Et leurs vives douleurs et leurs chagrins pesants ?
« Tu les vis, et ton cœur compâtit à leur peine ;
« Ton oreille écouta le serment des héros
  « Et la plainte douce et sereine
  « De l'humble vierge des hameaux !
« Mais le temps a passé sur ces jours de tourmente
« Où la patrie en pleurs armait ses pieux enfants,
  « Et nos vaisseaux, sur la vague écumante,
« Ont su nous ramener des drapeaux triomphants.
  « Vierge, c'est toi dont l'égide invincible,
    « Portant la crainte dans les cœurs,
  « A couché dans la poudre un ennemi terrible
  « Et nous a fait cueillir la palme des vainqueurs.
« O France, ô mon pays ! ô superbe contrée !
« Que peux-tu craindre encor de tes fiers ennemis ?
« De leurs coups ténébreux par ce bras délivrée,
« Par ce bras tout puissant tu les tiendras soumis ;
« Ta gloire est aujourd'hui pour jamais consacrée,
  « Tes triomphes sont affermis.
« Partout au sol natal on t'aime, on te vénère ;
« Tu fais notre triomphe et nos brillants succès.
« Non, si je n'aimais pas une si tendre Mère,
  « Je n'aurais pas le cœur français ! »

(J.-J. R.)

O Marie ! N.-D. *de Bon-Secours, des Victoires* et *de l'Espérance*, dont la protection est si puissante et dont le secours est si prompt et si efficace auprès de Dieu, nous venons déposer à vos pieds toutes nos peines, remettre entre vos mains toutes nos espérances, vous confier tous nos intérêts. Vous dont la médiation toute puissante n'éprouva jamais de refus, accordez ce que nous demandons : *Le salut de la France!* Intéressez-vous plus que jamais à elle, vous qu'elle honore comme sa *Patronne chérie,* sa puissante avocate ; défendez-nous contre tous nos ennemis visibles et invisibles et ne permettez pas que nous tombions jamais sous leur cruelle tyrannie.

O notre Mère et notre Souveraine, bénissez et protégez *Leurs Majestés impériales.* Souvenez-vous qu'ils sont à vous, affermissez leur règne, conservez-les et défendez-les comme votre propriété et votre possession !

Daignez aussi, ô Vierge sainte et immaculée, nous obtenir la paix que votre divin Fils a laissée en héritage à ses disciples, qu'elle se répande, par votre intercession et par vos mérites infinis, sur nos familles, sur nos amis et ennemis, sur tous les hommes et sur la France ! Accordez, nous vous en conjurons, la conversion aux pécheurs, domptez leurs cœurs rebelles, — « *Virgo potens, victrix cordium ;* » — qu'ils vous aiment et ils seront sauvés.

O Notre-Dame de pitié et consolatrice, assistez-nous dans tous nos besoins et obtenez-nous, par les mérites de votre divin Fils, toutes les bénédictions spirituelles en Notre-Seigneur Jésus-Christ, afin qu'heureux ici-bas par la jouissance de vos célestes bienfaits, nous puissions désormais, chaque jour de notre vie, vous offrir nos consolations et notre reconnaissance comme à la Mère la plus tendre et la plus aimable.

O Mariâ ! suscipe me in servum perpetuum.

Adolphe CHANEL, instituteur.

Ecaquelon, 8 septembre 1858.

NOTES.

I. Une magnifique médaille de l'Immaculée Conception, dessinée par M. John Philp, vient d'être frappée à Liége. Le sujet est tiré de l'office de cette fête. Elle représente, d'un côté, la Très-Sainte-Vierge sur un globe écrasant la tête du serpent ; elle tient dans ses mains un lis, — « *Lilium inter spinas quæ serpentis conterat caput ;* » — au-dessus de la tête est une étoile, — « *Nova stella Jacob,* » — ou encore — « *Clara luce divina ;* » — toute la figure est environnée de gloire. — « *Solis hujus radiis Maria coruscat.* » — L'inscription suivante orne le contour : — « *Maria sine labe orig. concepta, ora pro nobis.* » — Sur le revers est le portrait de S. S. Pie IX, d'une ressemblance parfaite au dire des personnes qui ont eu le bonheur de contempler la face auguste de l'immortel Pontife. Au-dessus de la tête du Saint-Père se trouve son écusson, et, au-dessous du portrait, la date *VIII décembre* 1854 ; autour du portrait, on lit : *Pius IX, pontifex maxim. An IX.*

S'adresser chez MM. Schulgen et Schwan, à Paris, rue Saint-Sulpice, 25.

II. Parmi tous les scapulaires dont on fait usage aujourd'hui et qui sont enrichis et favorisés d'innombrables indulgences, celui de l'*Immaculée Conception*, ou *Scapulaire bleu*, tient incontestablement un rang distingué après celui de *N.-D. du Mont-Carmel.*

Se saint scapulaire de la Très-Sainte et Immaculée Vierge Marie est approuvé par LL. SS. Clément X, Clément XI, Grégoire XVI et Pie IX.

La première propagatrice du Scapulaire bleu ou de l'Immaculée Conception est la vénérable Ursule Benincasa, fondatrice des Oblates et des Ermites-Théatins ; ses vertus merveilleuses furent déclarées héroïques par un décret de l'immortel Pie VI, du 7 août 1793.

Un décret de S. S. Pie IX, du 19 septembre 1851, confère au P. Général des clercs réguliers le pouvoir d'autoriser et de déléguer pour la bénédiction et l'imposition du *Scapulaire bleu*, tout prêtre séculier ou régulier qu'il jugerait à propos.

Pour plus de renseignements, voir les *Scapulaires de Marie*, par M. l'abbé Tardivon, 2 fr. 25 c.;

Chez Taillard-Jaunet, à Guincourt (Ardennes), et le *Nouvel Office de l'Immaculée Conception*, composé par ordre de S. S. Pie IX en latin-français, véritable *Manuel* en l'honneur de la Très-Saint-Vierge.

Chez P.-J. Camus, 20, rue Cassette, Paris.

SOUVENIR DU 15 AOUT 1858.

A sainte Anne-d'Auray, nos hommages et nos prières pour LL. MM. impériales, augustes et immortels membres de la Confrérie.

« Lorsque l'heure du départ est arrivée, avant de poursuivre
« leur route, l'Empereur et l'Impératrice ont voulu *s'inscrire*
« *sur le registre de la Confrérie de Sainte-Anne* :

« NAPOLÉON III A SAINTE ANNE D'AURAY. (ROSIER DE MARIE,
« N° 178.) 28 AOUT 1858. »

Glorieuse sainte Anne, mère bienheureuse de la Vierge immaculée dans sa conception, patronne pleine de bonté pour tous ceux qui vous invoquent, remplie de compassion pour tous ceux qui souffrent, nous nous jetons à vos pieds, vous suppliant humblement de vous intéresser à la France, notre patrie. Nous vous la recommandons instamment et vous prions de la recommander à votre Fille et notre Mère, la Très-Sainte-Vierge Marie, à la Majesté divine, à la charité compatissante du Sauveur des hommes.

Exaucez-nous, ô glorieuse sainte, ne cessez d'intercéder que notre prière ne soit exaucée en faveur de *Leurs Majestés impériales l'Empereur et l'Impératrice des Français*, qui viennent d'honorer Dieu d'une manière si éclatante dans la bienheureuse aïeule du Sauveur des hommes. Par vous, ô sainte Anne ! Dieu les protégera, il les aidera à porter dignement la noble couronne de France et à tenir les rênes de l'Empire ; alors, nous sommes assurés que la vie, le calme, la confiance, la sécurité, continueront de régner parmi nous. — « *Fiat manus tua super virum dexterœ tuœ.* »

Obtenez-nous surtout l'assurance de voir, un jour, notre Dieu face à face pour le louer, le bénir et l'aimer avec vous, avec Marie votre fille et notre Mère et avec tous les saints.

« A toi je confie
« Le soin de mon sort,
« Les jours de ma vie,
« L'heure de ma mort. »

Adolphe CHANEL, instituteur.

Ecaquelon, 8 septembre 1858.

L'inscription au registre de la Confrérie de Sainte-Anne ne donne pas lieu à une aumône *obligatoire*, elle n'est que *facultative*.
Chez M. Galles, imprimeur-libraire, on trouve le *Pèlerinage de Sainte Anne-d'Auray*, par le P. Martin, 1 fr. 50 c., à Vannes (Morbihan) ;
Lettre particulière, de M. l'abbé R. Le Jelouse, chapelain de la Confrérie, adressée à M. Chanel, instituteur, le 15 novembre 1858.

Rouen. Imp. Giroux et Renaux, rue de l'Hôpital, 25.

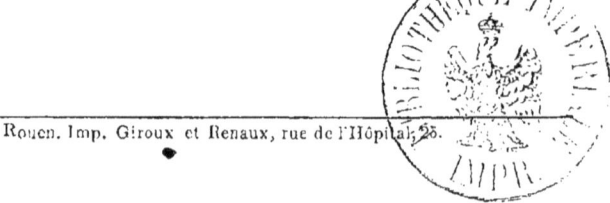

www.ingramcontent.com/pod-product-compliance
Lightning Source LLC
Chambersburg PA
CBHW060709050426
42451CB00010B/1355